¿Qué Es el ARTE?

Pintura y Escultura

BARRON'S

Un mundo de colores

Nuestra cabeza está repleta de colores fantásticos.
Algunos son claros y alegres, mientras que otros
parecen apagados y tristes. ¿Cuáles son tus favoritos?
A Óscar le gusta el color verde, pero no el verde
de las espinacas, sino el de la lechuga,
que es más claro.

Existen muchos verdes distintos. Y marrones,
y naranjas, y azules... ¿Cuál crees que es el favorito
de Marta? ¿Y el tuyo?

Tiene forma de...

¿Alguna vez has imaginado a qué se parecen las nubes? Allá donde mires puedes encontrar mil y una formas diferentes. Y lo mismo pasa con los árboles. Marta ha dibujado todos los árboles que ha visto durante un paseo por el bosque: ¿te has fijado cuán diferentes llegan a ser entre sí?

Unos son altos y delgados como las jirafas. Otros son bajitos y achaparrados como un hipopótamo. ¿Qué árboles conoces tú? Dibújalos.

4

Líneas y colores

Después de hacer la forma de un árbol y usar su color preferido, ¡a Marta le ha quedado una obra de arte! Mientras que Óscar prefiere pintar cómo cambian de color los árboles según la época del año, y trazar líneas con los rotuladores o dar pinceladas con todas las pinturas que encuentra.

¡Sobre todo le encanta pintar con los dedos! ¿Y a ti?

¿Qué color hace?

¿De qué color es el calor? ¿Azul, gris y lila? ¿O más bien amarillo, naranja y rojo? Óscar y Marta han descubierto que hay colores que dan sensación de calor y otros de frío. Lo han comprobado pintando el mismo paisaje: Marta ha utilizado colores fríos y Óscar cálidos.

¿Adivinas cuál es cuál? Al final del libro encontrarás ayuda.

En la oscuridad

Por la noche en el cielo hay estrellas, a veces se ve la luna, las farolas están encendidas y hay luz en las ventanas de algunas casas. Para pintar la noche emplea una cartulina de color muy oscuro, como el morado, el negro o el azul oscuro. Si observas durante mucho rato la oscuridad, descubrirás nuevos colores.

Y para pintar la luz de la luna, de las estrellas o de las farolas puedes usar amarillo, azul, púrpura, papel de aluminio, celofán de colores...

Luces y sombras

Óscar baja completamente la persiana, después la sube un poco y pregunta a Marta qué es lo que ve en el cuarto. "Pues lo de siempre –dice Marta–, pero los colores de las cosas están muy apagados, no brillan tanto como a plena luz del día". Así es. La luz cambia el color de las cosas.

Y si no, mira el cielo: según la luz del sol puede ser azul, lila, gris claro, gris oscuro, rosa, rojo, negro, etcétera. ¡La luz es mágica!

13

Lejos... ¡cerca!

¿Qué es lo que está más lejos en este dibujo?
¿Y más cerca? ¿Qué cosas no están ni
demasiado lejos ni demasiado cerca? Seguro
que lo has adivinado a la primera.

Mira el paisaje que se ve por la ventana de tu casa. Las cosas que están muy lejos se ven muy pequeñas y las que tienes cerca muy grandes.

Ven, coge un papel e intenta dibujar un paisaje con cosas que estén lejos y cosas que estén cerca. ¡Estás hecho un artista!

Salta, gira, saluda

Marta y Óscar quieren dibujar gente moviéndose, pero no saben cómo hacerlo. Lo intentan dibujando un niño con la pierna levantada y los brazos hacia arriba: ¡parece que esté saltando! Para practicar... ¿por qué no recortas fotos de revistas, las pegas en un papel y dibujas al lado sólo la cabeza, los brazos y las piernas de las personas? Así aprenderás.

¡A veces las personas se colocan en posturas tan raras que son muy difíciles de dibujar!

17

18

Busquemos tesoros

Ya sabes que no hacen falta pinturas para hacer cuadros. Haz un cuadro pegando trocitos de tela, algodón, papeles de periódico o cualquier otra cosa a una cartulina. ¿Te imaginas el mar y una playa de arena en un día soleado? Puedes poner trocitos de tela azul con pedacitos brillantes de papel de aluminio y hacer un cielo de color... ¡amarillo!

Si buscas por ahí, encontrarás muchísimos objetos que te ayudarán a describir lo que ves.

19

Toca, toca

Las pinturas son geniales, pero no nos dejan ver cómo son las cosas por detrás. Sin embargo, si haces una escultura, puedes mirarla por todas partes: por arriba, por abajo, por los lados y por dentro. Y si la tocas, notas si es lisa o rugosa.

¡El tacto es muy importante en una escultura!

Imagina

Puedes hacer pequeñas esculturas con greda, barro o con arena mojada. Cuando estés en el campo o en la playa inventa ciudades con puentes, castillos, carreteras y montañas. O quizás prefieras hacer monstruos y cosas raras con la arena mojada. ¡Las esculturas pueden ser tan distintas como desees!

En casa no hay mucho sitio. ¡Y quizás a tus padres no les haga mucha gracia que lo ensucies todo de barro! Así que pide permiso antes de empezar.

22

Cajas, cartulinas y cositas

Marta usa pegamento para unir varias cajas de cartón y luego recorta cartulinas verdes y amarillas. ¿Qué idea se le ha ocurrido? Óscar pinta las conchas y las piedras que recogió en la playa y, junto con trozos de telas blancas y marrones, las pega sobre las cartulinas. ¿Ya sabes lo que pretenden hacer? ¡Una gran escultura!

Tú también puedes aprovechar las cosas que tienes en casa y hacer esculturas con ellas.

Visita al museo

Lo más divertido de visitar un museo es buscar un cuadro o una escultura que te guste de forma especial y mirarlo atentamente. ¿Qué es lo que te gusta de ese cuadro? ¿Los colores? ¿Las líneas? ¿Te parece un cuadro alegre o más bien triste? ¿Qué representa el cuadro?

Y en cuanto a las estatuas que encuentras en la calle... ¿cuál es tu favorita?

¿Qué explicas?

Con el arte podemos explicar cosas invisibles, por ejemplo, lo que sentimos, lo que pensamos o cómo imaginamos que son las cosas y las personas. Y eso es tan antiguo que, incluso en las cuevas donde vivían los humanos primitivos, hay pinturas que explican lo que sentían.

Lo importante es que puedes pasarlo muy bien pintando, recortando y pegando. ¡Y así te puedes hacer artista!

Actividades
Actividades

⇧ **UN SEÑOR MUY DELGADO**

¿Cuáles son las partes del cuerpo? La cabeza, el tronco, los brazos, etcétera. Si obtienes un alambre que se pueda doblar bien, puedes hacer la figura de una persona como la del dibujo. Para que se mantenga en pie, basta con colocarla sobre una base de greda o barro. Lo mejor de esta escultura es que la puedes cambiar de postura cada día.

¿Y SI LO DECORAMOS?

En un cuenco mezcla cola blanca y agua (pon una cucharada de cola blanca por cada cucharada de agua). Después, recorta tiras de papel de periódico e imprégnalas con la cola que has preparado. Y ahora… ¡a vestir tu figura con las tiras de papel! Cuando esté totalmente seca, la puedes pintar y decorar como más te guste. Sólo hay un problema: ¡ahora ya no la podrás cambiar de postura!

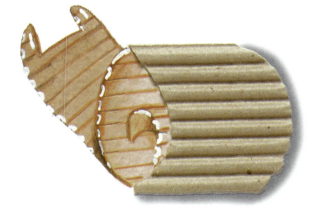

SERPIENTE

Con cartón ondulado, puedes hacer una serpiente como ésta. Sólo necesitas cartón y un hilo para atar todas sus partes.
¿Y por qué no haces un caracol?

Mondadura de limón

Cola de pájaro

Esponja

Pétalo

Hoja

Ala de mariposa

⬆ DE CERCA

¿Te has fijado en que hay cosas que, si las miras de cerca, te descubren cosas nuevas? Mira tu piel muy de cerca: ¿ves que tiene agujeros? Ahora mira la hoja de una planta: ¿podrías pintar sólo una parte de la hoja? ¿Y el dibujo de las alas de una mariposa?

DEDOS SUCIOS

Si te untas las manos de pintura puedes pintar con los dedos un pez nadando por un río, una gallina con sus pollitos y mil cosas más. Es más divertido si utilizas un papel grande. Tus padres pueden echarte una mano. ¡Y también puedes pintar con los pies!

MIRAR UN CUADRO

Busca la foto de un cuadro en alguna revista, enciclopedia o libro de arte. Y después, solo o en grupo, mira el cuadro y di si hay figuras o no y cuáles son, en qué lugar se ha pintado, en qué condiciones (tiempo, día, noche, frío, etc.) y qué sensación te produce el cuadro. Aquí tienes algunas ideas, pero seguro que se te ocurrirán muchas más.

Sensaciones: tristeza, alegría, rabia, felicidad, envidia, misterio, angustia, terror, soledad.

Figuras: mujer, hombre, niño, viejo, tortuga, paloma, fantasma, monstruo, caracol, bombero, pez, gorila.

Lugares: mar, montaña, campo, pueblo, ciudad, costa, desierto, nubes, cielo, cueva, casa, fábrica, iglesia, camino.

Tiempo y hora: sol, día nublado, lluvia, mediodía, tarde, invierno, frío, calor, viento, verano, temprano.

¿Representa una cosa real o más bien un sentimiento? Y a ti, ¿te gusta ese cuadro?

Guía para los padres

UN MUNDO DE COLORES

Azul cielo   **Verde aceituna**   **Azul púrpura**   **Lila**   **Carmín**

Amarillo cadmio   **Turquesa**   **Rosa-violeta**   **Rojo cadmio**   **Azul marino**

COLORES CÁLIDOS Y COLORES FRÍOS

Algunos colores cálidos...

Y algunos fríos

ALGUNAS COSAS INTERESANTES

Puedes hacer cosas reales o imaginarias.
También puedes pintar, dibujar o hacer esculturas
que no signifiquen nada, hacerlo sólo para pasar
un buen rato y ver qué ocurre mientras las haces.
Para empezar puedes probar con...

Una pajita para beber: sumerge la pajita en pintura no demasiado espesa y, cuando un poco de pintura haya entrado en la pajita, sopla por el otro extremo. No sorbas la pintura.

Un rodillo: te ayuda a realizar pinceladas anchas y alargadas.

Una papa: pide a un adulto que te recorte una figura en la papa y... ¡ya tienes un tampón perfecto!

Una goma de borrar: si pintas con lápiz en un papel (sin apretar muy fuerte), puedes hacer líneas blancas borrando con la goma.

Un recipiente de yogur: haz un agujero en la parte de abajo (muy pequeño). La pintura saldrá gota a gota.

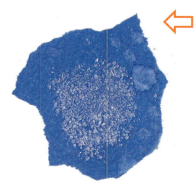

Sal: si la pegas sobre un papel conseguirás un efecto parecido al rocío en tus cuadros. Y papel de aluminio, papel de celofán... ¡puedes utilizar miles de cosas para crear arte!

Una esponja: puedes llenar grandes espacios mojando la esponja en pintura y presionándola suavemente sobre un papel. También puedes presionar la esponja con más intensidad.

Propiedad literaria (© Copyright) Gemser
Publications, S.L., 2004.
C/Castell, 38; Teià (08329) Barcelona, España
(Derechos Mundiales)
Tel: 93 540 13 53
E-mail: info@mercedesros.com
Autora: Núria Roca
Ilustradora: Rosa Maria Curto

Primera edición para los Estados Unidos y
Canadá (derechos exclusivos) y el resto del
mundo (derechos no exclusivos) publicada
en 2004 por Barron's Educational Series, Inc.

Dirigir toda correspondencia a:
Barron's Educational Series, Inc.
250 Wireless Boulevard
Hauppauge, New York 11788
http://www.barronseduc.com

Número de Libro Estándar Internacional 0-7641-2704-7
Número de Tarjeta del Catálogo de la Biblioteca del
Congreso 2003108249

Impreso en España
9 8 7 6 5 4 3 2 1